불교도들에게 어떻게
그리스도의 복음을
효과적으로
증거할 것인가?

불교도들에게 어떻게 그리스도의 복음을 효과적으로 증거할 것인가?

2000만 불교도를 그리스도에게로

김성화 편저

성광문화사

서 론

 어머니 배 속에서부터 불교(佛敎)를 믿어 왔고 태어나면서부터 불교를 배웠고 성인이 되어서는 불교를 가르쳐 왔다. 필자는 모태로부터 종이 되어 중질한지도 어언 40여년이 되었다. 그간 불교가 석가의 가르침에서 벗어나 무당, 점쟁이가 되어 왔다. 오늘날 불교에서 갖가지 비리와 사기 협박이 자행되고 마음의 안식처를 찾지 못하고 방황하는 나약한 사람들에게는 불교란 이름의 기복신앙으로서, 각종 미신행위로써 물질과 정신을 황폐하게 만들어 가고 있다. 전국에 이들 독버섯, 기생충 같은 무당 점쟁이 땡초 중이 약 50여만명이 있다.
 필자는 사람들이 작은 것에는 상당히 약삭 빠른데, 큰 것 자기 근본 문제인 영혼에 대하여는 너무나 쉽게 속고, 포기 체념하는 어리석음을 안타깝게 생각한다. 시장 바닥에서 물건을 살 때 단돈 1000원만 속아도 "이놈" "저놈"하며 멱살을 쥐고 싸우는데 자기의 영혼 문제는 속아도, 사기를 당해도 쉽게 포기한다. 이 얼마나 미련하고 안타까운 일인가? 이에 나는 부적과 각종 불공의 엉터리를 간단하게 글로써 밝힌다.

이 글을 읽는 분들은 인생의 근본 문제, 영혼에 대해서 속지 말고 바른 가르침의 생명의 길로 망설이지 말고 돌아오라. 우리 인생의 근본 문제의 해결점은 기독교만이 할 수 있다고 생각한다. 방황하시는 분이 계시면 점쟁이, 무당, 땡초 중에게는 사기만 당한다. 바른 가르침의 길을 찾아오라. 그것은 "예수 그리스도만이 길이요 진리요 생명이다."

부족한 종은 신학을 졸업하고 목사가 되었다. 어디 그뿐인가? 하나님의 축복 가운데서 하나님의 종들을 양성하는 신학대학원의 강사가 되었다. 지금 이 땅에는 5만개의 불교 사찰과 15만여명의 승려들, 50여만명의 무당들, 2000여만명의 불교 신자들이 있다. 수년 전부터 선배 목사님들께서 불교신자들에게 전도할 전도 소책자를 저술하라는 권유가 있어 왔다. 그래서 이번에 기도하는 마음으로 엮어 보았다. 그동안 부족한 종이 저술한 책에서도 인용하였다. 중복되는 부분이 있을 것이다. 독자들은 널리 용서하시기 바란다.

기독교의 요리문답의 형식으로 꾸몄다. 불교 신자들에게 이 소책자를 펴 놓고 한 문제씩 같이 읽어가면 전도의 열매가 있을 것이다.

끝으로 이 소책자가 나오기까지 기도하여 주시는 선배 목사님들과 "에스라 대불교권 선교연구원"의 회원 여러분, 필자의 반려자이며 동역자인 김미자 전도사와 항상 선교적 사명감으로 출판에 기쁜 마음으로 허락하여 주신 성광문화사의 이승하 장로님과 임직원 여러분들에게 심심한 감사를 드린다. 이 소책자를 통해서 교회마다 구원의 뜨거운 전도의 역사가 있기를 하나님께 기도한다.

- 수고하고 무거운 짐진 자들아 다 내게로 돌아오라 내가 너희를 쉬게 하리라 -

김 성 화

차 례

- 서론 / 5

1장
부적에 대하여 ···· 11

2장
49제 불공에 대하여 ···· 18

3장
염불이란 무엇인가? ···· 23

4장
무당들의 미신행위 ···· 26

5장
나는 이렇게 예수를 믿게 되었다 ···· 29

6장
불교와 기독교의 비교교리 문답 ···· 39

7장
기독교란 무엇인가? ···· 52

1장

부적에 대하여

  부적(符籍)은 무속 종교의 대표적 행위이다. 교주(敎主), 교전(敎典)도 없으면서 거의 모든 우상 종교에 다 통해 있고, 마치 그것은 카페인과 같아서 사람들의 영혼을 휘어잡는 묘한 마력을 가지고 있다.
  사람은 이 세상 모든 만물 중에서 위대한 존재이면서도 가장 무능한 존재이다. 사람의 머리 속에서 나온 비행기가 달나라를 갔다 오고 사람의 손 끝에서 정비된 잠수함이 바다 속을 헤엄쳐 다니는데 사람은 한 방울의 물도 이기지 못하고 철환 하나도 이기지 못하여 총알 하나 비상 한 방울로도 생명을 잃고 만다. 더욱이 모든 사무가 전문화되고 기계화된 현대인은 자기 영역 이외의 부분에 대해서는 너무나도 무능하다.
  가정과 국가, 민족과 사회 속에서 대자연(하나님)의 위대한 섭리를 받아가면서 영(靈)과 육(肉)을 운전해 가고 있는 인간은 생노병사(生老病死)의 필연법칙(必然法則)에 지배되고 살아 있는 동안 먹고 입고 살아야 하기 때문에 의식주에 대한 온갖 노력과 투쟁을 거듭하여야 한다. 정신적으로는 희노애락이 교차되고 육체적으로는 우환, 공포, 불안, 번민 등 온갖 번뇌에 뒤얽히고 자연적으로는 봄, 여름, 가을, 겨울, 바람과 구름, 추위와 더위, 물과 불의 재앙을 반복하며 사회적으로는 매일 같이 일어나는 권력 투쟁과 외우 내환 등 이루 헤아릴 수 없는 핍박과 고통을 겪고 있다. 철학은 철학대로 학문의 권위에만 몰두하고 과학은 과학대로 살인 무기의 생산을 제한하는 데도 힘이 미치지 못하고 있으며 종교는 종교대로 교권쟁탈에 여념이 없으니 오늘 현대인은 어느 무엇에 의지하여 안식을 구할 수 있겠는가?

그러기에 과학 만능의 시대에 점쟁이가 판을 치고 천문 의학이 고도로 발달된 현대에도 무당 박수가 도사 노릇을 하고 있는 것이다. 그래서 현대인은 그 근본 처방보다는 말초신경을 자극하는 섹스교나 아니면 차라리 모든 것을 잊어버릴 수 있는 마리화나 대마초 같은 것을 원하고 있다.

필자가 부적에 대하여 고찰해 본 결과 부적의 상당수가 절에서 생산되고 있다는 사실을 발견하였다. 무신론(無神論)인 불교에 무슨 신이 그렇게 많이 숭배되고 있으며 바른 깨달음을 표방하는 불교에 무슨 놈의 잡신앙이 그렇게도 많은지? 사람이 가는 길에 바로 가는 길과 돌아가는 길이 있다고는 하지만 물(物)이 과(過)하면 질(質)이 변한다는 말과

1장 부적에 대하여 　13

같이 진실을 위한 방편으로 일체를 포섭한 불교는 지금 방편을 진실로 잘못 알고 스승과 제자가 함께 막막한 대해(大海)에서 나침판도 없이 방황하고 있는 현실과 같다고 할까? 또한 필자는 부적신앙이 불교 뿐아니라 도교, 유교는 물론 국가에서까지 부적을 권장한 시대가 있었음을 발견하였다.

　입시 때가 되면 점장이 집이 메어지고 부적 만드는 사람이 부자가 된다는 말은 어제 오늘의 이야기가 아니다. 1974년 2월 갓 국민학교를 졸업한 학생들이 컴퓨터로 학교배정을 받을 때 컴퓨터 앞에 모여든 학생수의 3분의 2가 부적을 갖고 있다는 사실을 발견한 모 신문사 기자는 "컴퓨터의 경쟁이 아니라 부적의 경쟁"이라고까지 한 말이 있다. 아닌게 아니라 세상은 교묘히 변해가고 있다. 기계문명이 발달하면 발달할수록 인간의 지식이 전문화 하면 전문화 할수록 사람은 더욱 어리석어지고 미신은 발전한다. 사람은 만물의 영장이라고 한다.

　그러나 사람처럼 연약한 동물도 없다. 인간의 힘은 한계가 있기 때문이다. 생명은 때론 변하여 질병, 노쇠, 죽음에 부딪치고 또 예기치 못했던 자연적 재해와 인위적 사고로 언제 어디서 어떤 재난을 어떻게 당할지 모른다. 그러나 인간은 이 예고없이 닥쳐오는 재난에 대하여 전혀 무력하므로 초자연적인 어떤 힘(신이나 부처)이나 복술(卜術)에 의지하여 그 재난을 피하여 보려고 노력한다. 그래서 인간은 큰 일을 당할 때마다 스스로 의혹을 견디지 못하여 무정한 점대롱 앞에 무릎을 꿇고 내일의 행운을 빈다. 그리고 울긋불긋한 서툰 글씨의 부적을 마치 위대한 보물인양 환상에 젖어 가슴에 안고서야 두 다리를 펴고 잠을 잔다. 실로 이같은 현상은 허영과 투기가 팽배하고 불신과 혐오가 고질화된 위기시대에 신념과 밝은 지혜가 결여된 인간에게 더욱 절실하게 요청되고 있다.

그러면 우리 역사를 살펴보고 부적에 대하여 몇가지 소개하겠다.

1. 환인천제(桓因天帝)의 천부인(天符印) 세계

「삼국유사」 고조선 편에 옛날 환인의 서자 환웅이 천하에 뜻을 두고 인간 세상을 탐내어 구하자 아버지는 아들의 뜻을 알고 이에 천부인 세개를 주어 내려가 세상을 다스리게 했다. 이것이 우리 역사에 나타난 최초의 부적이다. 세 개의 천부인이 무엇인지는 확실히 알 수 없으나 동북 아시아의 유형에 따라 나타난 바로서 미루어 보면 거울, 칼, 방울이 아닌가 생각한다. 물론 거울은 공명, 칼은 정의, 방울은 사랑을 말한다고 보여진다.

그 외에 처용의 부적, 신라말의 큰 학자인 최치원의 5색 부적이 있고 조정에서는 정월초, 입춘, 단오 때 등등 부적을 제작하여 위로는 공경대부로부터 아래로는 하급 관리들에게까지 나눠 주면서 국태민안을 빌었다.

2. 사도세자의 천존부적

사도세자는 이조 제21대 영조대왕의 아들이다. 어려서부터 건강이 좋지 못하여 항상 곤고를 겪고 있었는데 아버지의 성격은 영명(英明)하고 어질고 효성스럽고 꼼꼼하고 민첩한데 반하여, 아들의 성품은 말이 없고 우울하며 행동이 날쌔지 못하여 매양 아버지로부터 모진 꾸중을 들었다. 이로 인하여 날로 병이 길어지자 영부사 이천보와 박시민 등의 권유로 천존부적을 가지고 무당 푸닥거리하는 옥추경을 읽었는데 그 후로 옷을 입지 못하는 병이 겹쳐 완전히 미치광이가 되고 말았다. 하는 수 없이 영조대왕은 1762년 5월 13일 폐세자 하고 뒤주 속에 넣어 죽이니 세자빈 혜경궁 홍씨는 영부사들을 원망하고 부적과 푸닥거리 하는 옥추경을 마귀보다도 더 무섭게 대하였다고 「한중록」에 전한다.

3. 비극의 왕비들

이조 500년의 가장 비극의 왕비는 장희빈과 민비일 것이다. 사약을 받았거나 그렇지 않으면 칼로 시해를 당해 비극적인 종말을 고했다. 그런데 이들의 하나 같은 공통점은 무당 푸닥거리를 심하게 하고 부적을 몸의 구석 구석에 지녔다는 사실이다. 그런데 왜 비참한 죽음을 했을까? 미신인 부적이 생명을 지켜주지 못했기 때문이다. 오직 하나님만이 인간의 생명을 지켜 주신다는 것을 똑똑히 알아야 하겠다.

4. 현재의 부적의 효험을 생각해 보자.

몇년 전 우리 사회에 큰 충격을 주었던 화재사고가 생각난다. 대구 서문시장의 큰 화재 때의 일인데 서문시장의 피해 상인들의 상당수가 불교신자로서 팔공산 갓 바위에 1개월에 1번은 꼭 정성을 드렸고 부적을 가지고 있었다는 사실이다. "불난 집에 부채질 한다"는 심술궂은 주장이 아니고 재난을 당한 분들에게 위로의 말씀을 보내면서 학자적 양심에서 사실을 사실대로 알리는 것 뿐이다.

마산의 부림시장 화재 때 상당히 많은 불교신자가 부적을 가지고 삼재의 액을 면하겠다고 돈과 노력과 정성이 들어갔으나 아무런 효험이 없었다. 필자는 부산의 자갈치 시장의 화재 소식을 듣고 가슴 아파 하였다. 생선 장사하시는 분들 중에 대부분이 절에 이름을 올려 놓고 공을 드리며 부적을 사서 목걸이를 만들어 걸고 다닌 분도 많이 있었는 줄 안다. 그 부적이, 그 부처가 여러분의 재산과 생명을 보호해 주었는가? 허무하게 끝나고 말았지 않은가?

부산의 몇몇 불교 서점에서 인쇄된 부적 1매가 점쟁이 또는 땡초 중의 손을 거쳐서 여러분의 손에 들어갈 때는 100원짜리가 몇 만원 또는 기천원으로 둔갑한다.

여러분 한번 생각해 보라. 부적이 액땜을 하고 각종 사고를 예방하고 질병을 예방한다면 보험회사가 그냥 있겠는가? 각종 보험회사는 재해가 발생하지 않으면 그만큼 많은 이익을 가져 올 것이다. 자동차 보험 같은 것은 아예 부적으로 페인트 칠할 것이며 의료보험은 부적을 인쇄해서 나눠 줄 것이며 소방서와 소방관이 필요없이 각종 건물에 부적으로 도배를 하면 화재가 나지 않을 것 아닌가? 어째 그 뿐인가? 점쟁이가 그렇게 기가 막히게 잘 알아 맞친다면 무엇 때문에 5,000원 10,000원씩 받고 점을 할 것인가? 간첩을 잡으면 5,000만원 상금받고 애국할 것인데. 식품회사 독극물 협박 사건도 점쟁이가 신고해서 잡았다는 소식을 듣지 못했다. 전부 거짓말이며 사기 행위다. 부적을 가지고 있으면 있을수록 점점 더 재수없고 여러분의 재산과 생명은 죽어간다는 사실을 명심하시기 바란다.

 우상숭배자의 말로는 비참하다. 하루 속히 기독교로 돌아오라. 예수님만이 여러분의 어려운 문제를 해결해 준다. 그까짓 종이 조각인 부적이 그렇게 신통력이 있다면 인쇄해서 대한민국 전체에 붙이면 막대한 국방비도 줄이고 자동적으로 남북통일이 될 것이 아닌가? 미신의 꿈에서 깨시기 바란다. 기독교는 죽음마저도 극복할 수 있는 종교다.

2장

49제 불공에 대하여

　불교는 근본적으로 무신론이다. 석가 자신이 영혼 문제를 부정하였다. 영혼이 없는데 내세는 있을 수 없다. 뒤늦게 승려들이 불교 신도들에게 영혼이 있는 것 같이 가르친다. 이렇게 하여야만 신도들이 시주를 하기 때문이다. 참선하는 승려들 자신은 영혼이 없다고 하면서 일반 신도들에게는 영혼이 있는 것으로 가르친다.

　여러분들이 죽은 부모나 친척을 위하여 최하 100만원에서 최고 몇 백만원까지 들여 가면서 49제를 하는데 그 염불 내용은 죽은 사람 극락 가라는 내용이 아니고 참선하는 중들이 주고 받는 대화 내용이 대부분이다. 목탁과 요령에 맞춰서 염불을 하니 내용을 잘 알아 듣지 못하고 부처 앞에 돈만 놓고 절만 꾸벅 꾸벅 하고 있지 않은가?

　49제 염불 중에 죽은 영혼이 목욕을 해야만 깨끗한 몸으로 극락을 간다고 하며 목탁과 징을 쳐 가면서 목욕비를 가족들로부터 받는데 그 비용이 산 사람 사우나 비용보다도 비싸다. 그 뿐인가? 종이로 인형 옷을 접어 놓고서 옷갈아 입으니 부처 앞에 돈 놓아라 또한 죽은 영혼 머리를 간장하여야 하니 빗 가지고 오라, 양말, 수건, 비누, 치약을 가지고 오라, 저승 가는데 마차 타고 가야 하는데 말 먹이는 풀을 베어오라. 그렇지 않으면 돈을 가져오라고 한다. 어떻게 불교에는 교통수단이 현대화 되지 않아서 말만 타고 영혼이 저승에 가는지? 요즈음 같이 점보 제트 여객기나 고속버스로 가면 휘발유 값을 받아야 할 날도 있을 것이다. 그 밖에 고속도로 통행료라든지 휴게소 이용비용도 받아야 하지 않은가? 한마디로 웃기는 이야기다.

옛날 만화같은 「전생록」이라는 책을 만들어 놓고는 음력으로 생년, 월, 시를 넣으면 "당신은 전생에 남에게 빚진 돈이 100만냥이요 금강경 1000부 이것을 갚지 않으면 지옥도 여러곳 있는데 당신이 갈 곳은 독사 지옥이라" 하는 등 해괴 망칙한 일로써 시주금을 내도록 한다. 죽은 영혼도 이 많은 빚을 갚지 않았기 때문에 49제를 많은 비용을 들여서 하여야만 그 영혼이 극락에 간다고 위협과 협박을 한다.

그러면 그 염불 내용을 한번 살펴보자. 옛날 중국의 참선하는 중 조주는 제자나 신도들에게 항상 입버릇처럼 지껄이는 말이 "차 마시게"하는 것이었다. "차마시게!"가 바로 49제 염불의 한 토막이다. 또한 참선하는 중 운문(雲門)은 제자들과 신도들에게 "떡 자시게"하면서 그 자신이 떡을 좋아하면서 떡을 권했다. 이것도 49제 염불 중에 한토막이다. 중국의 선승(禪僧) 황매와 임재 문하에서 그 제자들과 주고 받던 이야기가 전부 염불로 되어 있다.

여러분! "차 마셔라" "떡 먹어라" "엿 먹어라" 하는 염불은 수백만원씩 들여서 영혼 극락 가라는 염불과는 하등의 관계가 없다. 바로 영혼 문제를 앞세워 사기를 당하고 있다. 49제다, 각종 불공, 특히 죽기 전에 미리 공덕을 닦는다는 예수제(豫修祭) 등은 전부 엉터리다. 석가의 가르침에도 없다.

필자가 아는 중 가운데 전문적으로 각종 불교제를 올릴 때 염불만 해주고 돈을 받는 사람이 있다. 상당히 많은 돈을 받고 전국적으로 염불 잘한다고 큰 제만 있으면 뽑혀 다닌다. 박월정이라는 중이다. 박월정이는 다음과 같이 필자에게 말한 적이 있다. "한창 염불 하다가 보면 할 염불도 없을 때가 있다. 그때는 꽹가리를 크게 치면서 마구 욕설을 섞어 하다가 간혹 나무아미타불 하면 내용 모르는 신도는 돈만 잘 놓고 자기 친척 영혼 극락가는 줄 알고 신나게 절을 꾸벅꾸벅 한다. 욕하는 줄도 모르고서 참 재미 있다"고 말한 적이 있다.

이들과 한 패거리인 한일정이라는 중은 다음과 같이 말한 적이 있다. "본 서방 죽으라고 백일 산신 기도 드렸더니 본 서방은 죽지 않고 샛 서방만 죽었네 머리를 풀라하니 시가 식구 알까봐 겁이 나고 흰 댕기를 하자니 동네 여편네들 알까봐 겁이 나고 아무도 모르는 삼베 꼬장주나 해 입을까?"

이 내용은 어느 여자가 본 남편 모르게 애인을 하나 정해 놓고 본 남편 죽으라고 부처 앞에 불공을 드렸더니 죽으라는 본 남편은 죽지 않고 애인이 죽어 버렸다. 그래서 애통한 마음에 머리를 풀고 곡을 할라 하니 시집 식구들 알까봐 겁이 나고, 그렇다고 머리에 상주 표시인 흰 댕기를 하려하니 동네 여자들 알까봐 겁이 나고 하는 수 없이 애인의 죽음을 안타깝게 지내기 위해서는 아무도 모르는 삼베 속옷이나 해입겠다는 아주 음탕한 내용이다.

여러분!

많은 돈을 들여서 하는 불공과 제 중에 이런 엉터리 내용이 들어 있다. 이래도 아무런 효험도 없는 부적을 사고 많은 비용과 노력을 들여 가면서 엉터리 염불 욕설이나 섞어하는 불공을 할 것인가? 한번 반성해 보시고 다시 더 이상 속지 마시라.

적어도 영혼문제만은 엄연한 역사적 사실로써 밝은 증거를 보여주신 예수님께 나와 보라. 통쾌하고 시원한 해결점을 주실 것이다. 나는 불교에 수십년간 몸 담고 있으면서 너무나 헛된 속임수를 많이 보아 왔기 때문에 더 이상 속지 말라고 지면 관계상 간단히 몇줄을 썼다. 꼭 기독교로 돌아 오지 않더라도 더 이상 허황된 가르침에 속지 말라고 양심적으로 여러분들께 말씀드린다. 필자가 기독교로 개종하였으니 의도적으로 불교를 비방하려는 것이 아니라 어디까지나 학자적 양심에서 사실을 사실대로 알리는 것 뿐이다. 참 종교, 가르침은 기독교

뿐이다. 각종 재수불공, 병낫는 불공, 생남불공 등등 모든 것의 의식, 염불이 석가의 가르침과는 거리가 멀다는 것을 밝혀둔다.

순수 불교에는 불공 의식이 없다. 바른 깨달음으로 자아 완성의 길로 나아가기 때문이다. 그러나 위의 것들은 신도들을 속여서 재물을 약탈하려는 무당들과 야합된 해괴 망칙한 유희이다. 인생의 가장 취약점이며 근본 문제인 영혼을 앞세워 사기 협박하는 이 땅의 사이비 불교, 땡초 중, 무당들이 여러분 주위에 득실거리니 더 이상 속지 말고 근본적인 해결 길을 찾으라.

3장

염불이란 이렇다

　불교에서는 나무아미타불, 나무호렌게꾜, 옴남, 사바하 등등 인도의 범어(산스크리트어)로 된 말을 주문(呪文) 또는 진언(眞言 : 참된 말씀)이라고 하여 염불의 많은 비중을 차지하고 있다. 고대 인도인들은 범어를 하늘로부터 받은 것이라 하여 대단히 신령하게 여겼다.

　필자는 수십년간 불교에 몸담고 있었으나 이들 염불의 뜻을 잘 모른다. 이때까지 무의미 철자를 암송해 왔다는 것이다. 태권도가 한국에서 발생하여 세계 각국에 뻗어갔다. 따라서 구령도 우리말로 "차렷, 쉬여" 등등 붙이고 있다고 듣고 있다. 우리나라 사람은 어느 누구나 차렷, 쉬어 그 이상의 의미는 없다. 그러나 외국인이 볼 때 굉장히 신령한 어떤 의미가 있는 줄 생각하고 있다. 천주교 신부가 미사 도중에 라틴어로 기도문을 외우면 일반 신자들은 굉장히 신통한 초자연적인 힘이 있는 줄 안다.

이와같이 염불도 마찬가지로 언어의 신비성을 신앙하게 되었다고 생각한다. 결국 나무아미타불 나무호렌게꼬, 즉 무의미철자를 반복 암송하면 1단계로 이성의 마비가 오고, 2단계는 자기최면 현상이 일어나고, 3단계로 동일시(同一視) 현상이 일어나고, 마지막으로 자기도취 및 환상적 욕구가 일어난다. 그래서 나무아미타불 나무호렌게꼬 대신에 "개똥 소쿠리"라는 말로 바꾸어서 수십 만번 반복해도 같은 효과가 있다. 이것은 결코 염불삼매가 아니다.

일본의 정토종의 중흥조 사이찌(最澄)의 일기를 몇 구절 소개하겠다. "내 모든 갈망이 사라지니, 전세계는 나의 나무아미타불이다." "얼마나 비뚤어졌는가? 얼마나 천한가? 나는 죄인이로다? 나는 사기꾼이로다?" "지금 그대는 무엇을 하고 있는가. 오 사이찌여! 사이찌여 말해 보라. 그대는 어디 있는가? 어찌하여 그대는 쓰기를 멈추지 않는가?" 심리학자들은 사이찌를 정신분열증의 좋은 본보기로 선언하였다. 염불로서도 참으로 자기 구원을 이룩할 수가 없다. 얼마나 많은 사람들이 허무하게 자기 영혼의 구원을 포기하고 있는가? 그리스도인들은 이들에게 복음을 전하기 바란다.

지금의 불교는 승복을 입은 무당이 주도권을 잡고 있다. 능엄경에 말세에 승복을 입고 신도들로부터 물질적인 욕심을 채우는 무당을 절도며 강도라고 하였다.

선방(禪房)에서 순수불교에서 힘쓰는 수좌스님들은 영적

으로는 생명의 종교인 기독교로 개종하기 바란다.

정(正) 사(邪)가 있고, 좌도(左道)가 있으면 우도(右道)가 있다.

불교신자 여러분!

순수불교를 믿고 절같은 절을 찾아가고 스님같은 스님을 찾아간 분이 몇이나 되는가? 대부분이 무당을 믿고 무당을 보고 스님 스님 하지 않았는가? 무신론을 주장하신 석가모니께서 절에서 죽은 사람을 위해 영가 천도 49제 예수제(豫修祭: 죽은 사람 또는 산 사람의 극락왕생을 위해 미리 공덕을 닦는 것)는 하라고 하지 않았다.

불교의 근본교리는 무구소욕(無救小欲), 즉 구하는 것이 없고 욕심이 적어야 한다는 것이다.

그런데 재수불공, 생남불공, 병자를 위해 구병시식은 왜하며 부적은 왜 파는가? 그런 일들이 불교의 허구성을 말해주는 것이 된다.

4장

무당들의 미신행위

　우리나라의 사찰에서 승려들은 꿈에 불타의 가르침을 받아 침술을 하거나, 사주, 관상을 보며 부적을 팔고 있다. 이들은 승복을 입은 강도들이다.
　능엄경에서 말세에 부처가 승복을 입고 신도들에게 마귀의 도를 가르치는 것은 강도들이라고 말했다.
　필자는 고등학교 교사 때에 체험한 것이지만 가령 수학에서 인수분해, 일차함수는 비교적 쉬워도 수열의 점화식 같은 것은 어려운 단원이다. 교사가 연구해서 많이 알면 어려운 단원도 쉽게 가르치고 연구하지 않아 잘 모르면 쉬운 단원도 어렵게 가르친다. 오늘날 한국의 사찰의 승려가 공부는 하지 않고 모르니까, 부처의 법은 어렵다 하며 신도들에게 가르치지 않고 가지 가지의 미신행위를 하므로서 신도들을 우매화 시킨다. 부처를 두들겨 깨어 보아야 아무것도 없다.
　예전이나 지금이나 선원(참선하는 도장)의 교재로서 무문관

(無門關)에 보면 "개구즉실(開口即失-입을 열면 즉시 잃어 버린다)"이다. 이렇게 볼 때 부처는 눈에 보이는 왈가 왈부할 대상이 되지 않고 다만 관념적으로 생각하여야 한다는 것을 알 수 있다. "시심시불(是心是拂-이 마음이 즉 부처다)" "비심즉비불(非心即非拂-마음 아닌 것도 즉 부처가 아니다)."

우상숭배자의 말로는 비참하다. 서울의 윤노파 사건이 그렇다. 이제 경북 고령군 성산면 어곡동 무당 김소임의 사건을 소개하겠다.

같은 마을에 사는 이정수(가명, 35세)씨는 평소 부인이 자주 질병을 앓았으므로 굿을 시켰다. 무당 병굿을 한 결과 이정수 씨의 부인이 완쾌되었으면 별 사고가 없었을 것인데 굿을 마치고 나니 오히려 부인은 정신이상 증세와 가출하는 결과를 가져 왔다. 이정수 씨는 무당 김소임의 남편과 같이 부처를 모셔 둔 법당에서 술을 먹다가 칼로 김소임의 남편을 살해하고 말았다. 무당 굿으로 야기된 비참한 결과다.

몇년 전의 이야기를 하나 더 소개하겠다.

개종 전 필자가 거처하는 사찰에 대구의 성일 용달회사의 차주 박사장이 찾아와서 50만원 드릴터이니 재수 불공을 해 달라고 부탁한다. 필자는 불공을 가장 싫어하고 있었다. 불교의 교리는 "무구소욕(無求小欲-구하는 것이 없고 욕심이 적어야 한다.)"이기 때문이다. 비교적 불타의 가르침대로 살려고 노력하였다. 이런 필자에게 박사장은 저보고 꼭 불공을 해 주었으면 한다. 사찰에는 다른 승려들도 많이 있는데 부탁해 달라고 하였더니 대학선생 스님이 불공을 해야 재수대통하겠다는 것이다.

필자는 박사장에게 차근차근히 그 이유를 이야기해 보라고 하였다. 얼마 전에 타이탄 트럭을 1대 구입하여 차 잘 굴러가라고 대구시내에서 용하다는 무당에게 30만원 주고 재수굿을 하였더니 굿 끝난지 3일만에 경북 고령 금산재에서 추락했다는 것이다. 차를 끌어 올리고 수리하느라고 비용이 많이 들었으니 필자에게 재수불공을 간절히 부탁하는 것이었다. 필자는 박사장에게 "차 잘 굴러가라고 굿을 하였으니 고개에서 떨어질 수 밖에는 없지 않는가? 그 무당이 정말 용하니 불공할 돈을 가지고 한번 더 굿을 해 보라"고 권했더니 스님까지 사람을 조롱하느냐고 하면서 언짢은 얼굴로 돌아간 적이 있다.

지금 이 나라에는 무복자(무당과 점쟁이)들은 약 40여만 명이 되고 있다. 특히 부산에는 6만여 명이 있는 것으로 알고 있다. 시민들은 미신에 이끌리어 어리석은 생활을 하고 있다. 기독교의 복음과는 너무나 거리가 멀다. 절을 지어 불상을 앉혀놓고 있는 사람들의 말로는 비참하다.

거의 늙어서 질병으로 몸이 아프거나 아니면 불의의 비참한 죽음을 당한다.

가지가지 웃지 못할 미신 행위를 하고 있는 이들에게 오늘을 사는 크리스찬들은 복음을 전할 의무가 있다.

5장

나는 이렇게 예수를 믿게 되었다

　대구에서 영천으로 20킬로미터 정도 가면 하양읍(河陽邑)이 나온다. 여기가 산지 수려하고 물좋은 필자의 고향이다.
　병풍처럼 우뚝 서 있는 무학산을 뒤로 하고 늘 파아란 물줄기를 넘실거리는 금호강이 마을을 가로 질러 언제나 포근함을 안겨 주고 있었다.
　필자의 아버님은 영천 죽림사(竹林寺)의 주지셨다. 형님은 영천 은해사에 있는 오산 불교학교에 다니고 있었고 어머니와 필자, 동생은 하양의 넓은 집에서 생활했다.
　필자는 어렸을 때부터 아침 저녁 독경(불경, 염불을 외우는 것)과 범종(절에서 예불 때 치는 종) 소리를 들으며 성장했다. 달 밝은 밤 아버지와 스님들, 우리 가족들은 탑돌이를 하면서 염불을 외우면 나는 아무 뜻도 모르면서 합장하고 뒤를 좇아 돌았다. 식구는 적지만 단란했던 우리 가정이었다.

그런데 이런 우리 가정에 서서히 먹구름이 덮히기 시작했다. 어머니가 막내를 낳으면서 산후조리를 잘못해 병이 드신 것이다. 어머니는 하양에서 대구 동산병원까지 택시를 타고 다니시며 치료를 받으셨고 집의 사랑채에는 한의사가 끓일 날이 없었다. 그러나 어머니는 가산만 탕진한 채 유명을 달리 하셨다. 거기에다 해방 직후라 토지 개혁이 실시되어 우리집의 가세는 놀랍도록 기울어졌다.

그런데 우리의 불행은 여기서 끝나지 않았다. 어머니가 가신지 얼마 지나지 않아 아버님이 점심 식사를 하시다 갑자기 피를 토하며 말씀 한 마디 없이 돌아가신 것이다. 너무나 갑자기 당한 일이라 어린 나이의 필자는 정신을 차릴 수 없었다.

그럭저럭 장례를 치르고 형은 공부를 계속하기 위해 대구로 가버리셨고 천애 고아가 되어버린 필자와 동생은 평소 아버님과 친분이 있으셨던 스님들이 각기 사미승으로 거두어 주셨다.

당시 국민학교 3학년이던 필자가 무엇을 알 수 있을까? 인간의 삶이 무엇인지 고행이 무엇인지 아무것도 모르면서 남의 손에 이끌리어 고된 수행(修行)의 길에 들어선 것이다.

사미승의 하루 일과는 혹독하도록 고달팠다. 새벽 3시에 일어나 다기(茶器)에 물을 붓고 법당에 향을 꽂으면 아침 예불이 시작된다. 이렇게 시작된 일과는 청소, 잔심부름, 공양준비, 염불, 불교의식 등을 하다 보면 눈깜짝할 사이에 지나갔다.

그리고 한끼에 한 홉씩 하루 세 홉의 쌀로 밥을 지어 먹는데 항상 커가는 나로서는 배고픔도 참기 힘든 문제였다. 그리고 부모님과 형제들의 생각이 날 때면 남모르게 눈물도 많이 흘렸다.

여기서 3년을 보낸 필자는 세상 공부도 해야 한다는 스님들의 배려로 대구로 나오게 되었다. 국민학교 3학년의 학력밖에 없었으므로 고등공민학교에 들어갔다.

처음에는 기초가 없어 도저히 따라갈 수 없었다. 그러나 열심히 노력한 결과 고등학교 검정고시에 합격할 수 있었고 대구 상고에 진학했다. 이곳을 마친 필자는 동국대학 불교학과에 진학할 것을 꿈꾸고 은해사 해경 스님께 부탁하였더니 그런 생각하지 말고 절로 다시 들어오라고 하셨다. 그러나, 대학진학의 꿈을 포기하지 않고 가까운 경북 대학교 수학과에 응시하여 합격했다. 그러나 학비가 문제였다. 그런데 당시 여러 교수님들이 나의 어려운 처지를 아시고 도움을 주셨으며 대구시 장학생으로도 선정되어 혼자 힘으로 학교를 다닐 수 있게 되었다.

필자는 아르바이트도 하면서 은적사, 칠불사, 동천사 등을 전전하며 1962년 대학을 졸업했다. 그리고는 군에 입대, 1965년까지 군생활을 했다. 제대한 후에는 여러 선방을 두루 다니면서 오직 부처가 되어 보겠다는 일념으로 피나는 수행을 시작했다.

필자는 정토종(淨土宗)에 소속되어 나름대로 불교 발전을 위해 정성을 다하기 시작하였다.

그런데 지금으로부터 20여년 전이었다. 당시 나는 경북울진의 삼근리 근처 절에 승려로 있었다. 그 근처에는 울진중학교 삼근분교가 있었는데 학생 수가 얼마되지 않아 교사들이 부임하기를 꺼렸다.

그런데 필자가 교사자격증이 있다는 것을 안 주민들이 선생을 기다리다 못해 학생들을 맡아 달라고 부탁해 본의 아니게 교사생활을 시작하게 되었다.

그런데 그해 여름, 방학을 맞아 울진의 한 교회에서 학생수련회를 가지니 교실을 좀 빌려달라는 부탁을 해 왔다. 나는 비록 종교는 다르지만 그들에게 편의를 제공했고 그들은 몹시 고마와하며 수련회 마지막날 나를 점심식사에 초대했다. 나는 별생각 없이 이 초대에 응했고 그 모임을 이끌었던 목사님과 마주하게 되었다.

그런데 유독 그 목사님은 나를 이리저리 자세히 보시더니 "선생님, 제가 느끼기에 선생님께서는 예수님을 믿고 목사가 되실 것 같습니다. 저 선생님을 위해서 기도하겠습니다."라고 하는 것이었다.

나는 기가 막혔다. 나는 그 목사님께 "목사님, 헛수고 마십시오. 저는 어머니 뱃속에서부터 불교를 믿어 왔던 중입니다."라고 하였더니 그 목사님은 전혀 개의치 않으시고 간절하고도 진지하게 반복해 말씀하시는 것이었다.

나는 은근히 화가나 이런 말로 반박을 해버렸다. "목사님께서 저를 위해 기도드리신다니 저 역시 목사님께서 머리 깎고 중이 될 것을 부처님께 불공드리겠소. 우리 누가 이기나 시합이나 한번 합시다." 그때는 이렇게 지나갔으나 이제 내가 기독교로 개종하고 생각하니 하나님의 크신 뜻이 그때부터 섭리하신 것이 아닌가 느껴진다.

그 당시 목사님은 울진군 원남면 매화 교회의 권찬수 목사님이시다.

점점 시일이 지나면서 필자는 불교계에서 인정을 받게 되었고 대한 불교 정토종 교육국장, 포교국장을 역임했다. 그리고 인도, 스리랑카, 태국, 일본 등 불교국가를 두루 방문하기도 했다. 그때 또 필자는 불심이 강했으므로 신라, 고려 때 융성했던 불교가 다시 이 땅에 도래해야 한다고 생각을 했던 것이다.

그리고 오늘날 불교가 기독교에 밀려서 쇠퇴해 가는 것은 승려들의 교육이 되지 않았기 때문이라 생각되었다. 그래서 나는 불교대학을 설립해야 한다고 결심하고 이 사업을 추진하기에 이르렀다.

나는 불교계 유명인사들을 찾아가 나의 취지를 이야기하고 도움을 요청했다.

그 결과 국내에서 10억원 상당의 부동산이 기부 책납되었고 일본 정토종에서도 10억원 정도의 기부를 하겠다고 나서 불교대학의 설립은 눈 앞에 다가와 있었다. 나는 불교대학 학생들이 머리도 기르고 평상복을 입을 수 있도록 하며 의식 때만 법복을 입게 해 젊은이들이 관심을 가지고 현실적인 적극 포교를 할 수 있도록 계획했다. 그래서 1년에 1천명만 배출하면 극성스럽게 늘어가는 기독교를 물리칠 수 있겠다고 장담했다. 뺏지를 만들고 현판식도 가졌다

그런데 이게 웬일인가! 대학설립의 꿈이 막 이루어가는 순간 나는 종교관계의 내분과 정치문제로 어이없게 교도소에 수감되는 신세가 되고 말았던 것이다. 그러다보니 학교 일이 흐지부지 되었고 거기에다 학교 기공식 때 2억원을 시주하기로 했던 G그룹의 L회장은 갑자기 부도가 나서 그 역시 형무소 신세를 지게 되었다.

정말 엎친데 덮친 격이었다. 그러나 지금 생각하면 이 땅에 불교의 뿌리를 내리지 못하게 한 하나님의 역사가 아닌가 한다.

형무소에서의 나의 생활은 염불과 참선, 불경공부로 일관되었다. 그리고 교도소 도서관에 있는 화엄경, 법화경, 승엄경, 원각경 등을 빌려보게 되었다.

도서대출은 군복무 중인 경비교도대 대원이 맡아보고 있었다. 한 두어 번은 내가 신청한 불경을 잘 대출해 주다가 하루는 느닷없이 신청한 불경은 가져오지 않고 기드온 협회 발행의 신약 성서를 갖다주는 것이었다.

"불경은 어떻게 하고 대출신청도 하지 않은 기독교 책을 가지고 왔소?" 나는 화가 나 있었다.

"불경은 다 대출되고 없어서 심심하실 것 같아 성경책을

가지고 왔으니 스님 한번 읽어 보십시오."

"거짓말 하지 마시오. 그 어려운 불경은 볼 사람이 드물텐데 5권이나 신청했는데 한 권도 없이 다 대출되었단 말이요?" 나는 더 큰 소리로 말했다.

"스님, 저도 대학 재학생입니다. 스님께서는 대학에서 강의도 하셨다는데 제자가 스승님께 꾸중을 들어도 당연하지요. 그러나 스님, 기독교도 수억의 인구가 믿고 있으니 한번 읽어 보시지요. 여기에도 진리가 있을 것 아닙니까? 저는 내일 제대합니다. 스님을 위해서 기도하겠습니다." 이렇게 말하고는 횅하니 가버리는 것이었다.

나는 괘씸하기도 했고 기독교인들은 참으로 지독하다고 생각되었다. 나처럼 골수 불교승려에게도 거침없이 전도하는 그 열의가 한편으로 부러웠다. 불교는 소극적이어서 거의 전도에 손을 못대고 있는데….

나는 그 성경을 그 이튿날부터 읽기 시작했다. 점점 성경을 읽어 나가면서 나는 말할 수 없는 충격을 받았다. 마치 높은 전류에 감전된 것처럼 머리 끝까지 뻣뻣해지는 것을 느낄 수 있었다. 그 성경책에는 평소 그렇게 염원하며 알려고 노력했던 인간의 생사(生死) 문제가 너무나도 쉽게 그리고 분명하게 풀려져 있었다. 이럴 수가 있단 말인가?

나는 수없이 부딪쳐오는 갈등에 몸부림쳐야 했다. 그러나 그리스도의 복음은 너무나도 선명하게 나의 가슴 속을 휘몰아쳤다.

그 중에서도 내가 가장 절실하게 느낄 수 있었던 사실은 비슷한 사항에서의 부처님과 예수님의 차이였다.

옛날 인도의 구시라성의 시다림(林)에서 한 젊은 과부가 심하게 애통해 함을 본 석가모니는 그 사유를 물은 즉 병중의 외아들을 살려달라는 애원이다. 이에 석가모니는 한번도 사람이 죽은 일이 없는 집의 쌀을 한 줌씩 얻어다가 죽을 끓여 먹이면 살아날 것이라 하였다. 그러나 오후에 돌아온 그 과부는 "부처님이시여, 하루종일 다녀도 그런 집은 없어 빈손으로 왔습니다"라고 고백한다. 그때 석가모니는 이런 결론을 준다. "자매여, 생자 필멸이라 사람이 나면 반드시 죽는 것, 인연따라 일어나 인연따라 없어지는 것이니 너무 슬퍼할 것이 없느니라." 어떤 해결이나 변화보다는 순리적인 사실을 자조하도록 가르치고 있는 것이다.

그러나 예수님의 처방은 이와 전혀 달랐다. 예수님께서는 나인성의 과부 외아들의 애통스런 장례행렬을 보시고 불쌍한 마음에 은혜를 베푸신다. 그 외아들을 죽음에서 생명으로 살리셨던 것이다.

불교와 기독교의 생사문제의 근본적인 차이가 여기에 있었다. 같은 과부의 외아들의 죽음이었는데 불교에서는 죽음을 숙명적으로 받아들이는 인간의 능력한계를 보여 주었지만, 기독교에서는 생명을 새롭게 얻게 하는 기쁨을 맛보게 한다. 바로 여기에 부활이고 생명이신 참 진리가 있는 것을 깨달을 수 있었다.

석가모니는 인생의 근본적인 생사 문제에 있어서 문제만 제시하였을 뿐 그 해답의 열쇠는 주지 못했다. 그러나 예수님은 문제 뿐만 아니라 해답의 열쇠까지 주신 것이다. 나는 이 큰 진리를 깨달았지만 차마 개종의 길로 돌아설 수는 없었다. 나는 종단의 지도자급 위치에 있었고 수십만의 불교신도들과 많은 승려들이 따르는 것을 생각할 때 그럴 수 없었던 것이다. 또 그렇게 된다면 나는 부모님을 배반하는 결과가 되는 것이기도 했다.

1984년 8월 20일, 나는 8개월의 형기를 마치고 경북 달성군에 있는 장수사에서 몸의 안정을 취했다. 그러나 나는 그리스도의 복음을 접하고 난 뒤라 더욱 번뇌와 고뇌에 몸부림쳐야만 했다. 한편으로는 내가 불교에 대한 공부가 부족해서 마음이 흔들린다고 느껴지기도 해 이곳 저곳을 더 다니며 공부를 더 해야겠다는 마음이 들기도 했다.

순천 송광사를 찾아가던 도중에 옛날 교사시절 동료였던 은두기 선생을 찾아가 나의 답답한 마음을 허심탄회하게 털어 놓았다. 그런데 그 은 선생은 무신론자인데 나에게 좋은 충고를 해주는 것이었다. "혜경스님은 송광사에 가도 번뇌가 없어지지는 않을 것이요. 기독교는 한번 그 복음을 받아들이게 되면 좀처럼 버리지 못한다고 들었소. 돌아서려거든 한 나이라도 젊을 때 돌아서시요."

나의 마음은 내내 무거웠다. 그러나 나는 드디어 용단을 내렸다. 개종하기로 결심한 것이다.

내 인생의 3분의 2를 달려가다가 개종을 하기까지에는 말 못할 아픔이 컸다. 그러나 이것은 나 자신의 양심의 해방이자 본연의 자유를 찾은 획기적인 결심이었다.

나는 1984년 8월 29일 수요예배에 처음 참석했다. 찬송가를 따라 부르며 하염없는 눈물을 흘렸다. 이제 진정한 평안과 영생이 있는 곳이라 느껴지니 나의 마음은 날아갈 듯이 가벼웠다.

이후 나는 신학대학원에 진학, 하나님의 가르침을 배우고 목사안수를 받았다. 그 동안의 삶을 참회하는 뜻으로 불교의 비진리성과 개종경위를 자세하게 밝히는 「극락의 불나비」와 「나는 이렇게 예수를 믿게 되었다」 등의 책을 쓰기도 했다.

내가 이 간증을 쓰는 것은 내가 바른 도를 전하지 못하고 거짓된 도를 전해왔기에 그것을 밝히려는 것이며 이 글을 읽는 많은 사람들이 참 진리인 예수께 돌아오게 하는데 있다.

주 예수 그리스도!

이 분만이 우리가 바라고 원하는 인생의 해답을 가르쳐 주신다.

6장

불교와 기독교의 비교
교리문답(敎理問答)

문 1 불교(佛敎)에서 사람의 제일되는 목적이 무엇인가?
답 불교(佛敎)에서는 성불(成佛) 즉 부처되는 것이다. 부처란 "깨달은 사람", "도덕적으로 완성(完成)된 사람"을 말한다. 다시 말하면 인격적(人格的)으로 완성되는 〈사람〉이 되는 것이 그 목적이다.

문 1 기독교에서 사람의 제일되는 목적이 무엇인가?
답 사람의 제일되는 목적은 하나님을 영화롭게 하는 것과 영원토록 그를 즐거워하는 것이다(고전 10 : 31, 롬 11 : 36, 시 73 : 24~26, 요 17 : 22~22).

문 2 불경(佛經)이 제일 요긴하게 교훈하는 것이 무엇인가?

답 불경(佛經)은 사람이 사람답게 살아 가는 길을 가르치는 것이다. 즉 도덕 교과서의 범위를 벗어나지 못하고 있다.

문 2 성경이 제일 요긴하게 교훈하는 것이 무엇인가?

답 성경이 제일 요긴하게 교훈하는 것은 사람이 하나님에 대하여 어떻게 믿을 것과 하나님께서 사람에게 요구하시는 본분이다(미 6:8, 요 5:39, 20:31, 3:16, 고전 10:11, 롬 15:4, 요일 1:3~4).

문 3 부처는 무엇인가?

답 부처란 인도어로 '붓다'(Buddha)를 중국어로 음역할 때 불타(佛陀)라고 하는데 이것을 다시 한글로 부처라고 한다. 이것은 〈선생〉, 〈도덕군자〉, 〈깨달은 사람〉 다시 말하면 인격적으로 완성된 사람을 말한다.

문 3 하나님은 어떤 분이신가?

답 하나님은 신이신데 그의 존재하심과 지혜와 권능과 거룩하심과 공의와 인자하심과 진실하심이 무한하시며 무궁하시며 불변하신다(요 4:24, 출 3:14, 시 147:5, 계 4:8, 15:4, 시 90:2, 롬 16:27, 창 17:1, 말 3:6).

문 4 부처는 몇이나 있습니까?

답 부처는 하늘의 별처럼 눈으로 보고 계산할 수 없는 만큼 많이 있다. 예를 들면 서쪽에는 〈아미타불〉, 동쪽에는 〈아촉불〉, 〈정광 여래불〉, 〈문수 사리불〉 등등 이루 말할 수 없는 정도이다.

문 4 하나님 한분 밖에 또 다른 하나님이 계신가?
답 한분 뿐이시니 참되시며 살아계신 하나님이시다(신 6 : 4, 렘 10 : 10, 요 17 : 3, 고전 8 : 4).

문 5 불교(佛教)에서는 부처의 예정이 있는가?
답 전혀 없다. 부처는 인간이니까 예정은 생각할 수조차 없다.

문 5 하나님의 예정이 무엇인가?
답 하나님의 예정은 그 뜻대로 하신 영원한 경륜이신데 이로 말미암아 자기의 영광을 위하여 모든 되어가는 일을 미리 작정하신 것이다(엡 1 : 11, 행 4 : 27~28, 시 33 : 11, 엡 2 : 10, 롬 9 : 22~23, 11 : 33, 행 2 : 23).

문 6 부처는 예정대로 중생을 제도하였는가?
답 부처가 예정대로 중생을 제도한 것이 아니다. 다만 인연 따라서 저절로 되어질 뿐이다.

문 6 하나님께서 그 예정을 어떻게 이루시는가?
답 하나님께서 그 예정을 이루시는 것은 창조와 섭리하시는 일로 하신다(계 4 : 11, 엡 1 : 11, 단 4 : 35, 사 40 : 26).

문 7 불교(佛教)에는 창조 사역이 있는가?
답 창조란 말 자체가 없다. 다만 인연(因緣) 따라 일어났다가

인연 따라 없어질 뿐이다. 시작도 끝도 없다.(無始無終)

문 7 창조하신 일이 무엇인가?

답 창조하신 일은 하나님께서 엿새 동안에 아무 것도 없는 중에서 그 권능의 말씀으로서 만물을 지으신 일인데 다 매우 좋았다(히 11:3, 계 4:11, 창 1:1, 시 33:9).

문 8 불교(佛敎)에서는 사람을 무엇이라고 하는가?

답 불교에서는 사람을 흙(地), 물(水), 불(火), 바람(風) 이렇게 4가지 원소로 구성(構成)되어 있다고 한다. 사람이 죽을 때는 이 4가지 원소가 분해되어 없어진다고 한다. 그러므로 불교에서는 영혼이 없으니 허무주의에 빠지고 만다.

문 8 하나님께서 사람을 어떻게 지으셨는가?

답 하나님께서 사람을 남녀로 지으시되 자기의 형상대로 지식과 공의와 거룩함이 있게 지으사 모든 생물을 주관하게 하셨다(창 1:27, 골 3:10, 엡 4:24, 창 1:28).

문 9 불교(佛敎)에서는 섭리교리가 있는가?

답 전혀 없다. 창조, 예정 교리가 없으니 섭리라는 것은 생각할 수 없다. 그저 되어지는 대로 살아갈 뿐이다.

문 9 하나님의 섭리하시는 일이 무엇인가?

답 하나님의 섭리하시는 일은 지극히 거룩함과 지혜와 권능으로써 모든 창조물과 그 모든 행동을 보존하시며 치리하시는 일이다(시 145:17, 시 104:24, 히 1:3, 시 103:19, 마

10 : 29~30, 느 9 : 6).

📋 10 불교(佛敎)에서는 죄(罪)가 무엇인가?
📋 죄(罪)와 악(惡)이 전혀 없다. 다만 환상(幻想)과 같으며 일장춘몽이다. 인생은 고해(苦海)이다.
📋 10 죄가 무엇인가?
📋 죄는 하나님의 법을 순종함에 부족한 것이나 혹 어기는 것이다(요일 3 : 4, 약 4 : 17, 롬 3 : 23, 4 : 5, 약 2 : 10).

📋 11 불교(佛敎)에서는 사람이 타락한 지위에서 비참한 것이 있는가?
📋 타락, 비참하다는 용어(用語) 자체가 없다. 다만 업(業)의 결과에 따라 고(苦)가 있을 뿐이다. 이 고(苦)도 깨닫고 나면 아무것도 없다. 즉 공(空) 또는 무(無)이다.
📋 11 사람이 타락한 지위에서 비참한 것이 무엇인가?
📋 모든 인종이 타락함을 인하여 하나님과 교제가 끊어지고 또 그의 진노와 저주 아래 있어서 생전에 모든 비참함과 사망과 영원한 지옥의 벌을 받게 되었다(창 3 : 8, 24, 엡 2 : 3, 롬 5 : 14, 6 : 23, 막 9 : 47~48).

📋 12 불교(佛敎)에는 고해(苦海)에 빠진 인간을 부처가 어떻게 제도(濟度)하는가?(제도란 말은 물에 빠진 인간을 건져 올린다는 뜻이다).

답 전혀 불가능하나, 석가모니 자신도 고해(苦海)에 빠진 나약한 인간에 지나지 않다.

문 12 하나님께서 모든 인종을 죄와 비참한 지위에서 멸망하게 버려 두셨는가?

답 하나님께서 홀로 그 선하신 뜻대로 영원부터 구속 받을 자들을 영생 얻게 하시려고 선택하시고 은혜의 언약을 세우셔서 구속자로 말미암아 저희를 죄와 비참한 지위에서 건져내시고 구원의 자리에 이르게 하려 하셨다(엡 1 : 4~7, 딛 1 : 2, 3 : 4~7, 갈 3 : 21, 롬 3 : 20~22, 요 17 : 6).

문 13 불교(佛敎)에는 선택된 중생만이 제도되는가?

답 선택이란 용어(用語) 자체가 없다. 모든 중생은 부처가 될 수 있다고 가르친다. 그런데 실제로는 불가능 하다고 교훈한다. 부처란 산(山)에 있는 소나무와 같고 화장실의 똥 묻은 화장지와 같은 것이다. 이렇게 주장한다.

문 13 하나님의 선택하신 자의 구속자가 누구신가

답 하나님의 선택하신 자의 구속자는 다만 주 예수 그리스도 뿐이신데 그는 하나님의 영원한 아들로서 사람이 되셨으니 그 후로 한 위에 특수한 두 가지 성품이 있어 영원토록 하나님이시요, 사람이시다(딤전 2 : 5, 요 1 : 1, 14, 요 10 : 30, 갈 4 : 4, 빌 2 : 5~11, 롬 9 : 5, 골 2 : 9, 히 13 : 8).

문 14 석가모니는 불교(佛敎)의 교주(敎主)로서 어떤 신분

(身分)의 변화가 있었는가 ?

답 전혀 없었다. 석가모니도 인간이었고 부처도 인간이다. 그러므로 불교도 인간에 의한 인간되기 위한 종교이다.

문 14 그리스도께서 하나님의 아들로서 어떻게 사람이 되셨는가 ?

답 하나님의 아들 그리스도께서 사람이 되신 것은 참 몸과 지각 있는 영혼을 취하사 성령의 권능으로 동정녀 마리아에게 잉태되어 탄생하셨으나 죄는 없으시다(요 1 : 14, 히 2 : 14, 마 26 : 38, 눅 1 : 31~42, 갈 4 : 4, 히 4 : 15, 히 7 : 26, 눅 2 : 5).

문 15 불교(佛敎)에는 부처가 인간을 위하여 낮아진 경우가 있는가 ?

답 없다. 낮아진다는 겸손의 진리가 없다. 그 본래(本來)의 면목(面目)을 보는 것이 부처라 한다.

문 15 그리스도의 낮아지심이 어떠한가 ?

답 그리스도의 낮아지심은 곧 그의 강생하심인데 또한 비천한 지위에 나서서 율법 아래 복종하시고 금생에 여러가지 비참함과 하나님의 진노하심과 십자가에서 저주의 죽음을 받으시고 묻히셔서 얼마 동안 죽음의 권세 아래 거하신 것이다 (눅 2 : 7, 빌 2 : 6~8, 고후 8 : 9, 갈 4 : 4, 사 53 : 3, 마 27 : 46, 눅 22 : 41~44, 갈 3 : 13, 고전 15 : 3~4).

문 16 불교(佛敎)에는 부처가 인간을 위하여 높아진 경우가 있는가?

답 없다. 낮아지고 높아진 신분 자체를 인정하지 않는다. 산은 높고 골은 깊고, 까마귀는 검고, 까치는 희고 즉 사물(事物)의 존재(存在)의 본 모습은 있는 그대로 보는 것이다. 비인격(非人格)으로 관찰하는 것이다. 기독교의 인격성(人格性) 하고는 차이가 있다.

문 16 그리스도의 높아지심이 어떠한가?

답 그리스도의 높아지심은 사흘 만에 죽은 가운데서 다시 살아나신 것과 하늘로 올라가신 것과 하나님 아버지의 우편에 앉아 계신 것과 마지막 날에 세상을 심판하러 오시는 것이다 (고전 15:3~4, 행 1:9, 엡 1:19~20, 행 1:11, 행 17:31).

문 17 불교(佛教)에는 영적으로 부처와 일치되는 삶이 있는가?

답 없다. 불교(佛教)는 유물론(唯物論)이다. 그러므로 영혼은 인정하지 않는다. 영적 삶이 없다.

문 17 우리로 어떻게 그리스도의 사신 구속에 참여하게 하시는가?

답 우리로 그리스도의 사신 구속에 참여하게 하시는 것은 그의 성령께서 우리에게 구속을 효력 있게 적용하심을 인함이다(요 1:12~13, 3:5~6, 딛 3:5~6).

문 18 불교(佛教)에는 부처가 중생(衆生)을 의롭다고 하는가?

답 없다. 〈의롭다〉는 용어(用語) 자체도 없다. 선(善)과 악(惡)의 구별도 없다. 그러니 회개도 없다.

문 18 의롭다 하심이 무엇인가?

답 의롭다 하심은 하나님의 값 없는 은혜로 정하신 것인데 저가 우리의 모든 죄를 사유하시고 그 앞에서 우리를 옳게 여겨 받으시는 것이니 이는 다만 그리스도의 의를 우리에게 돌려 주심인데 우리는 오직 믿음만으로 받는 것이다(엡 1:7, 고후 5:19~21, 롬 4:5, 3:22, 24, 25, 5:17~19, 4:6~8, 5:1, 행 10:43, 갈 2:16).

문 19 불교(佛敎)에는 사람이 부처를 믿으면 거룩하게 되는 일이 있는가?

답 없다. 부처 자체가 모순 투성이인 인간이기 때문에 도저히 거룩하게 될 수가 없다.

문 19 거룩하게 하신 것이 무엇인가?

답 거룩하게 하신 것은 하나님의 값 없는 은혜의 역사이신데 이로써 우리가 하나님의 형상을 좇아 온 사람이 새로와짐을 얻고 점점 죄에 대하여서는 능히 죽고 의에 대하여서는 능히 살게 되는 것이다(살후 2:13, 엡 4:23~24, 롬 6:4, 6, 14, 8:4, 벧전 1:2).

문 20 불교(佛敎)에는 불교(佛敎)를 열심히 믿은 신자가 죽을 때 부처는 어떤 유익을 주는가?

답 아무런 유익을 줄 수 없다. 극락(極樂)과 지옥도 그 본래가 없다고 교훈한다.(極樂, 地獄, 本空, 本無).

문 20 신자가 죽을 때에 그리스도에게서 무슨 유익을 받는가?

답 신자가 죽을 때에 그 영혼이 완전히 거룩하게 되어 즉시 영광 중에 들어가고 그 몸은 여전히 그리스도께 연합하여 부활할 때까지 무덤에서 쉰다(눅 23:43, 16:23, 빌 1:23, 고후 5:6~8, 살전 4:14, 롬 8:23, 살전 4:14, 계 14:13, 19:8, 행 7:55~59, 요 5:28).

문 21 불교(佛教)에는 사람이 죽고 난 후에 부활이 있는가?

답 없다. 석가모니 자신도 여름철에 돼지고기 잡숫고 배탈이 나서 설사병으로 돌아가셨다. 불교에서는 사람이 산다는 것은 한 조각 구름이 떠 오르는 것과 같으며 죽음 자체도 한 조각의 구름이 없어지는 것과 같다고 가르친다. 죽음 자체가 허무로 끝난다. 그러므로 부활이란 있을 수 없다.

문 21 신자가 부활할 때에는 그리스도에게서 무슨 유익을 받는가?

답 신자가 부활할 때에는 영광 중에 다시 살아남을 입어 심판날에 밝히 안다 하심과 죄 없다 하심을 받고 완전히 복을 받아 영원토록 하나님을 흡족하게 즐거워하는 것이다(고전

15 : 42~43, 마 25 : 33~34, 10 : 32, 살전 4 : 17, 시 16 : 11, 고전 2 : 9).

문 22 불교에는 부처가 사람에게 요구하는 본분이 무엇인가?
답 자기의 생긴 모습(自性) 그대로 착하게 살아가라는 것이다. 자성즉불(自性即佛)
문 22 하나님께서 사람에게 요구하시는 본분이 무엇인가?
답 하나님께서 사람에게 요구하시는 본분은 그 나타내 보이신 뜻을 복종하는 것이다(신 29 : 29, 미 6 : 8, 삼상 15 : 22, 눅 10 : 28).

문 23 불교(佛教)에는 사람이 죄(罪)를 범하면 부처로부터 벌을 받는가?
답 벌 받는 일 없다. 불교에는 창조와 종말이 없다. 그러니 심판의 교리가 없다. 막연히 착한 일 하고 살아가라고 교훈한다.
문 23 우리가 죄를 인하여 하나님께 받을 진노의 저주를 피하게 하려고 하나님이 우리에게 요구하시는 것이 무엇인가?
답 우리가 죄를 인하여 하나님께 마땅히 받을 진노와 저주를 피하게 하려고 하나님이 우리에게 요구하시는 것은 예수 그리스도를 믿는 것과 생명에 이르는 회개와 그리스도가 우리에게 구속의 유익을 전하는 여러가지 나타내는 방법을 힘써 사용하라는 것이다(행 20 : 21, 막 1 : 15, 요 3 : 18, 제88문 참조, 벧후 1 : 10, 히 2 : 3, 딤전 4 : 16).

문 24 불교(佛敎)에서 부처로 믿는 것은 무엇인가?
답 인간이 자신의 모습을 발견하는 것이다.
문 24 예수 그리스도를 믿는 것은 무엇인가?
답 예수 그리스도를 믿는 것은 곧 구원 얻는 은혜인데 이로 말미암아 복음 중에 우리에게 주신대로 구원을 얻기 위하여 우리가 예수를 영접하고 그에게만 의지하는 것이다(히 10 : 39, 요 6 : 40, 1 : 12, 빌 3 : 9, 행 16 : 31, 계 22 : 17).

문 25 불교(佛敎)에는 생명에 이르는 회개가 있는가?
답 없다. 생명도 없고, 죄도 느끼지 못하고 있다. 그러니 회개도 있을 수 없다.
문 25 생명에 이르는 회개가 무엇인가?
답 생명에 이르는 회개는 곧 구원 얻는 은혜인데 이로 말미암아 죄인이 자기 죄를 참으로 알고 또 그리스도 안에서 하나님의 긍휼하심을 깨달아 자기 죄를 원통히 여기고 미워함으로 죄에서 떠나 하나님께로 돌아가서 든든하게 결심하고 마음과 힘을 다하여 새로이 순종하는 것이다(행 11 : 18, 2 : 37, 욜 2 : 13, 고후 7 : 11, 렘 31 : 18~19, 행 26 : 18, 시 119 : 59,

눅 1:77~79, 고후 7:10, 롬 6:18).

 독자 여러분! 불교(佛敎)와 기독교는 하늘과 땅의 차이다. 시간이, 인간의 생명이 죽음의 종착점에 도착하기 전에 어서 속히 회개하고 예수님을 구주로 영접하고 참 생명을 얻기를 바란다. 필자의 간곡한 부탁은 그리스도 안에서 한 형제 자매가 되어 우리 모두 하늘 나라에서 기쁨으로 만나라는 것이다.
 주여! 저 죽어 가는 2000만 불교도들에게 구원의 은총의 자비를 베푸소서!

7장

기독교란 무엇인가

1. 우선 멈추어 생각하십시오.

당신이 만일 당신 자신의 판단과 의지로만 인생의 길을 가고 있다면 당신은 잘못된 방향, 곧 멸망으로 향하고 계십니다. 「어떤 길은 사람의 보기에 바르나 필경은 사망의 길이니라」(잠언 14 : 12).

「돈으로 사람의 건강을 위해서 최고의 진찰과 의료행위를 할 수는 있지만 그의 양심, 마음, 영혼을 위해 평화를 살 수는 없습니다.」

2. 속히 돌아서십시오.

죄와 멸망으로부터 돌이켜 구원의 하나님께로 오십시오. 성경은 이와 같은 결정을 「회개」라고 부르고 있습니다. 「너희가 만일 회개치 아니하면 다 이와 같이 망하리라」(누가복음 13 : 3).

(성경은 인간의 죽음에 대비하여 위로를 주는 유일한 책입니다)

3. 영생으로 인도하는 길은 일방통행 입니다.

하나님께서는 당신의 죄 문제가 해결되고 영원한 멸망에서 구원 받을 수 있는 유일한 길을 준비하셨습니다. 이 길은 예수께서 십자가에서 피를 흘려 열어 놓으신 길입니다.「예수께서 가라사대 내가 곧 길이요, 진리요, 생명이니 나로 말미암지 않고는 아버지께로 올 자가 없느니라」(요한복음 14 : 6).

이 세상의 실수들은 회복되고 수정될 수 있지만 죽음의 침상에서는 단 하나의 실수라도 그렇게 되지 않습니다. 나무가 넘어지면 넘어진채 그대로 있습니다. 우리가 숨쉬는 것을 그치면 이제는 새로운 탄생도 없습니다. 그리고 죽음이 우리 모두 앞에 있습니다. 바로 가까이 접근해 있을 수도 있습니다. 우리가 이 세상을 떠나는 시간은 매우 불확실합니다. 그러나 조만간 우리는 홀로 누워서 죽어야 합니다. 이 모든 것이 신중히 생각할 일들입니다.

4. 그리스도 안에서 쉬십시오.

그는 당신의 삶의 안식처가 되시며 당신의 영원한 목표가 되십니다. 자 이제 당신은 주님께로 오셔야만 합니다.「수고하고 무거운 짐진자들아 다 내게로 오라. 내가 너희를 쉬게 하리라……」(마태복음 11 : 28).

(하나님께서 주는 위안이 아니고서는 영혼을 위한 어떤 위안도 이 세상에는 없으며 하나님이 주는 위로를 모르는 사람은 결코 아무것도 잡을 수 없습니다.)

5. 이제 당신은 안전지대에 도착하셨습니다.

예수 그리스도를 구주와 주님으로 영접한 당신에게는 영생이 선물로 주어졌으며 심판은 면제되었고 대신 영원한 구원이 보증되어 있습니다.

「그러므로 이제 그리스도 예수 안에 있는 자에게는 결코 정죄함이 없나니」(로마서 8 : 1).
"당신이 하나님을 믿지 않는다면 당신의 생명을 책임질 사람은 이 세상에 아무도 없습니다."

이 글을 읽으시고 지금 바로 가까운 교회에 나가십시오.
예수님은 당신을 기쁜 마음으로 영접할 것입니다.
기회란 계속해서 오는 것은 아닙니다.
지금이 당신이 예수님을 구주로 영접할 수 있는
유일한 기회일 것입니다.

7장 기독교란 무엇인가?

당신은 어디서 왔습니까…
그리고 어디로 가고 있습니까?

 분주로운 삶의 짐을 잠시 내려놓고 우리 같이 생각해 봅시다. 도대체 사람들은 무엇을 위해 저토록 분주한 삶을 살아가고 있습니까?… 그러나 아무리 좋은 엔진과 속도를 갖춘 배일지라도 목적지가 불분명한 배라면 그것은 다만 표류선일 따름입니다. 우리의 삶에는 영원한 목적과 의미가 필요합니다. 성경(the Bible)은 말합니다. 사람이 태어나 한번 죽는 것은 사람에게 정하신 것이요, 그 후에는 심판이 있으리니…(히 9 : 27) 선한 일을 행한 자는 생명의 부활로 악한 일을 행한 자는 심판의 부활로…(요 5 : 29).

 삶… 죽음… 심판… 이것은 인간에게 피할 수 없는 여정입니다. 지금 이 순간도 지구상에는 매일 약 8만명의 사람이 죽어가고 10만명이 다시 태어나고 있습니다. 언젠가는 나에게도 다가올 운명의 시간 앞에 당신은 무엇을 생각하고 있습니까… 만약 운명의 그 시간이 오늘밤이라면 당신은 어디로 가서 그 멀고 먼 영원을 보내시겠습니까?

인생은 영화의 필름처럼 지나갑니다.

 젊은 날의 찬란한 꿈과 미래… 한없이 아름답고 소중한 것입니다. 그러나 사람이 온 천하를 얻고도 제 생명을 잃으면 무엇이 유익하리요, 무엇을 주고 제 목숨을 바꾸겠느냐(마 16 : 26).

 우리의 삶에는 하나님의 사랑과 영원한 생명이 필요합니다. 영원한 사랑과 생명으로 보증된 삶이 필요합니다. 우리는 예수 그리스도를 통해서 하나님의 사랑과 영원한 생명을 알고 또 만날 수가 있습니다. 내가 진실로 진실로 너희에게 이르노니 내 말을 듣고 또 나 보내신 이를 믿는 자는 영생을 얻었고 심판에 이르지 아니하나니 사망에서 생명으로 옮겼느니라(요 5 : 24). 하나님의 올바른 교회와 성서의 거룩한 말씀 속에서 당신은 지금 곧 그 분 예수 그리스도(Jesus Christ)를 만날 수가 있습니다. 그는 우리의 삶에 無에서 有를, 미움에서 사랑을, 불화에서 화목을, 절망에서 소망을, 슬픔에서 기쁨을, 값없이 사랑으로 주시는 분이십니다. 당신의 모든 염려와 소원을 그분에게 맡기고 새생활을 꼭 시작해 보십시오. 너무나 값진 소망과 행복으로 넘치는 삶이 새롭게 시작될 것입니다.

  너는 청년의 때 곧 곤고한 날이 이르기전 아무 낙이 없다고 할 해가 가깝기 전에 너의 창조자를 기억하라(전 12 : 1).

호 소 문

 (눈을 들어 밭을 보라! 이 놀라운 사실!) 부족한 종은 지난 학기에 총신대학 신학대학원에서 불교권 전도학을 강의 하였습니다. 250여명의 수강생들을 불교사찰에 전도 실습차 파송 하였습니다. 불교 승려들 다수는 복음을 거절 하였으나 그 중에는 비록 소극적이나 복음을 받아들이고 있습니다. 지금 이 나라에 5만개의 불교 사찰과 15만명의 불교승려 및 종사자 50만명의 무당들, 2000만명의 불교신도들, 세계적으로 6억의 불교도들이 있습니다. 이들에게 전도할 전도자를 양성하고자 (에스라 대불교권 선교연구원)을 개설 하였습니다.
 문서선교, 불교권 전도자 양성을 위한 강의실 마련 기타 복음 사업을 위하여 20억원의 기금 모금을 호소합니다.
1) 매일 아침 5시 30분, 저녁 7시 30분에 에스라를 위한 30만명의 기도 후원회원을, 2000만 불교 신도들을 기독교로 이끌기 위하여 필요로 하고 있습니다.
2) 1개월에 커피 한잔 값을 절약하시고 1000원 1년에 1만원만

선교 헌금하여 주시면 감사하겠습니다. 20만명의 선교헌금 동참을 호소합니다.
302-120 대전시 서구 둔산동 크로바 아파트 108동 103호
전화 (042) 488-0021, 482-1404
에스라 대불교권 선교연구원
원장 김 성 화 목사

선교헌금 보내 주실 곳
조 흥 은 행   346-04-380280   김성화
우 체 국   010892-0010589   김성화
농   협   211085-52-068963   김성화
서 울 은 행   53704-0562903   김성화

**불교도들에게 어떻게
그리스도의 복음을
효과적으로 증거할 것인가**

■

초판 1쇄 / 1993년 6월 30일
2판 1쇄 / 1993년 11월 30일
2판 10쇄 / 2010년 4월 30일

■

편저자 / 김성화
편낸이 / 이승하
편낸 곳 / 성광문화사
121-011 서울 마포구 아현동 710-1
☎(312)2926·8110 (363)1435
FAX· (312)3323
E.mail· sk1435@Chollian.net
       sk1435@ymail.com
http://www.skpublishing.co.kr

■

출판등록번호 / 제 10-45호
출판등록일 / 1975. 7. 2
책 번 호 / 585
파본은 교환해 드립니다.
이 출판물은 저작권법으로 보호 받는
저작물이므로 무단 전재나 무단 복제를
할 수 없습니다.

값 5,000원
ISBN 89-7252-012-8 03230
Printed in Korea